JOBMÖGLICHKEITEN FÜR SENIOREN

Im Ruhestand aktiv und engagiert bleiben!

E.M.Prasch

CONTENTS

JOBMÖGLICHKEITEN FÜR SENIOREN

im Ruhestand aktiv und engagiert bleiben!

E.M.Prasch

E.M. PRASCH

Inhaltsverzeichnis

1. Einleitung

2. Die Vorteile Von Jobmöglichkeiten Für Senioren Im Ruhestand

3. Jobmöglichkeiten Für Senioren Im Ruhestand

4.   Wie Man Einen Job Im Ruhestand Findet

- Die eigenen Interessen und Fähigkeiten berücksichtigen
- Die Möglichkeiten des Internets nutzen
- Kontakte knüpfen und Netzwerke bilden
- Sich weiterbilden und qualifizieren

5.   Die Herausforderungen Von Jobmöglichkeiten Im Ruhestand

- Anpassung an neue Arbeitsbedingungen
- Vereinbarkeit von Job und Ruhestand
- Mögliche Vorurteile oder Altersdiskriminierung

6.   Fazit

- Zusammenfassung der Vorteile von Jobmöglichkeiten im Ruhestand
- Ausblick auf zukünftige Entwicklungen
- Empfehlungen und Tipps für Senioren im Ruhestand

1. EINLEITUNG:

Der Eintritt in den Ruhestand ist für viele Menschen ein wichtiger Lebensabschnitt, der oft mit einer großen Veränderung im Leben einhergeht. Viele Senioren freuen sich auf die Möglichkeit, mehr Zeit für Hobbys, Familie und Freunde zu haben, reisen zu können oder einfach zu entspannen. Dennoch bedeutet der Ruhestand für viele auch eine Veränderung im Lebensstil und eine Herausforderung für ihre soziale und finanzielle Situation.

Eine Möglichkeit für Senioren, um aktiv und engagiert zu bleiben und gleichzeitig ihre finanzielle Unabhängigkeit zu bewahren, ist die Aufnahme eines Jobs im Ruhestand. Doch welche Möglichkeiten gibt es für Senioren im Ruhestand, um wieder ins Berufsleben einzusteigen.

Welche Vorteile bringt die Aufnahme eines Jobs im Ruhestand mit sich und welche Herausforderungen gibt es zu meistern?

Dieses Buch soll Senioren im Ruhestand helfen, geeignete Jobmöglichkeiten zu finden, um auch im Alter weiterhin aktiv und engagiert zu bleiben. Es gibt viele Möglichkeiten für Senioren im Ruhestand, um ihre Erfahrungen und Fähigkeiten zu nutzen und gleichzeitig ihre sozialen Kontakte zu erweitern und neue Herausforderungen anzunehmen.

Das Buch stellt eine Auswahl an Jobmöglichkeiten vor, die zu den Fähigkeiten und Interessen von Senioren passen und gibt Tipps zur Jobsuche und zur Bewältigung der Herausforderungen. Es soll dazu beitragen, dass Senioren im Ruhestand auch weiterhin ein erfülltes und aktives Leben führen können und sich nicht auf ihren Lorbeeren ausruhen müssen.

Bedeutung von Jobmöglichkeiten für Senioren im Ruhestand:

Im Ruhestand zu sein bedeutet für viele Menschen eine Phase des Abschieds von Berufstätigkeit und eine Veränderung des Lebensstils. Viele Senioren genießen die neu gewonnene Freiheit und nutzen die Zeit für Hobbys, Reisen oder für die Familie. Doch für manche bedeutet der Ruhestand auch eine finanzielle Einschränkung und eine Veränderung der sozialen Kontakte.

Jobmöglichkeiten für Senioren im Ruhestand können dabei helfen, weiterhin aktiv und engagiert zu bleiben und gleichzeitig finanzielle Unabhängigkeit zu bewahren. Dabei geht es nicht nur um das finanzielle Einkommen, sondern auch um die Erhaltung der geistigen und körperlichen Gesundheit sowie um die soziale Interaktion und Netzwerkbildung.

Ein Job im Ruhestand kann dabei helfen, geistig und körperlich aktiv zu bleiben. Der Job bietet Herausforderungen und neue Erfahrungen, die das Gehirn aktivieren und trainieren. Auch körperlich kann ein Job im Ruhestand dazu beitragen, fit und gesund zu bleiben, indem er Bewegung und Aktivität fördert.

Neben den gesundheitlichen Vorteilen kann ein Job im Ruhestand auch dazu beitragen, dass Senioren weiterhin in der Gesellschaft integriert bleiben und soziale Kontakte pflegen. Der Job bietet die Möglichkeit, neue Menschen kennenzulernen und Kontakte zu knüpfen, die auch außerhalb des Jobs Bestand haben können.

Ein Job im Ruhestand kann auch eine finanzielle Absicherung bieten und dazu beitragen, dass Senioren unabhängig bleiben und ihr Leben aktiv gestalten können. Insbesondere für Senioren, die nicht ausreichend für ihren Ruhestand vorgesorgt haben oder die aus persönlichen Gründen weiterhin finanziell unabhängig bleiben möchten, kann ein Job im Ruhestand eine wichtige Rolle spielen.

Insgesamt können Jobmöglichkeiten für Senioren im Ruhestand dazu beitragen, dass sie auch im Alter aktiv und engagiert bleiben und dabei ihre Fähigkeiten und Erfahrungen nutzen. Ein Job im Ruhestand kann eine positive Wirkung auf die körperliche und geistige Gesundheit haben und gleichzeitig soziale Kontakte und finanzielle Unabhängigkeit fördern.

Warum Senioren im Ruhestand aktiv und engagiert bleiben sollten:

Der Eintritt in den Ruhestand ist für viele Menschen ein wichtiger Lebensabschnitt. Viele Senioren freuen sich auf die Möglichkeit, mehr Zeit für Hobbys, Familie und Freunde zu haben, reisen zu können oder einfach zu entspannen. Doch der Ruhestand kann auch eine Zeit der Isolation und Einsamkeit bedeuten, insbesondere wenn Senioren ihre sozialen Kontakte verlieren oder sich aus dem Berufsleben zurückziehen.

Es ist daher wichtig, dass Senioren im Ruhestand aktiv und engagiert bleiben, um ihre körperliche und geistige Gesundheit zu erhalten und sozial eingebunden zu bleiben. Regelmäßige Aktivitäten fördern die körperliche Fitness und können dazu beitragen, das Risiko von Krankheiten und Beschwerden im Alter zu reduzieren. Zudem kann eine sinnvolle Beschäftigung dabei helfen, geistig fit und agil zu bleiben.

Ein aktives Leben im Ruhestand kann auch dazu beitragen, die soziale Isolation und Einsamkeit zu vermeiden. Es ist wichtig, dass Senioren weiterhin soziale Kontakte pflegen und sich in der Gesellschaft eingebunden fühlen. Eine sinnvolle Beschäftigung kann dazu beitragen, neue Kontakte zu knüpfen und bestehende zu pflegen.

Aktivitäten im Ruhestand können auch dabei helfen, ein erfülltes Leben zu führen und sich weiterzuentwickeln. Eine sinnvolle Beschäftigung kann dazu beitragen, dass Senioren ihre Talente und Fähigkeiten nutzen und sich weiterentwickeln können. Dabei geht es nicht nur um die finanzielle Seite, sondern auch um persönliche Erfüllung und Selbstverwirklichung.

Zusammenfassend sollten Senioren im Ruhestand aktiv und engagiert bleiben, um ihre körperliche und geistige Gesundheit zu erhalten, sozial eingebunden zu bleiben und ein erfülltes Leben zu führen. Eine sinnvolle Beschäftigung kann dazu beitragen, dass Senioren ihre Talente und Fähigkeiten nutzen, neue Kontakte knüpfen und ihren Ruhestand aktiv und selbstbestimmt gestalten.

Ziel des Buches:

Das Ziel dieses Buches ist es, Senioren im Ruhestand dabei zu helfen, geeignete Jobmöglichkeiten zu finden, um auch im Alter weiterhin aktiv und engagiert zu bleiben. Viele Senioren haben das Bedürfnis, ihre Erfahrungen und Fähigkeiten weiterhin zu nutzen und sich sinnvoll zu beschäftigen. Gleichzeitig möchten sie aber auch Zeit für Hobbys, Familie und Freunde haben und sich nicht in einen stressigen Arbeitsalltag stürzen.

Dieses Buch bietet eine Auswahl an Jobmöglichkeiten, die zu den Fähigkeiten und Interessen von Senioren passen und die Möglichkeiten des Ruhestands berücksichtigen. Es gibt Tipps zur Jobsuche und Bewerbung, zur Vereinbarkeit von Job und Ruhestand sowie zur Bewältigung von möglichen Herausforderungen.

Das Ziel des Buches ist es auch, aufzuzeigen, welche Vorteile Jobmöglichkeiten im Ruhestand mit sich bringen können. Dabei geht es nicht nur um die finanzielle Unabhängigkeit, sondern auch um die Erhaltung der geistigen und körperlichen Gesundheit sowie um die soziale Interaktion und Netzwerkbildung.

Das Buch soll dazu beitragen, dass Senioren im Ruhestand ihre Talente und Fähigkeiten weiterhin nutzen können, um ein erfülltes und aktives Leben zu führen. Es soll dazu motivieren, sich neuen Herausforderungen zu stellen und sich weiterzuentwickeln, um auch im Alter geistig und körperlich fit zu bleiben.

2. DIE VORTEILE VON JOBMÖGLICHKEITEN FÜR SENIOREN IM RUHESTAND:

Die Aufnahme eines Jobs im Ruhestand bietet zahlreiche Vorteile, die weit über die finanzielle Unabhängigkeit hinausgehen. Im Folgenden sind einige der wichtigsten Vorteile aufgeführt:

1. *Erhaltung der geistigen und körperlichen Gesundheit:*

Ein Job im Ruhestand kann dazu beitragen, geistig und körperlich fit zu bleiben. Der Job bietet Herausforderungen und neue Erfahrungen, die das Gehirn aktivieren und trainieren. Auch körperlich kann ein Job im Ruhestand dazu beitragen, fit und gesund zu bleiben, indem er Bewegung und Aktivität fördert.

2. Erweiterung Des Sozialen Netzwerks:

Ein Job im Ruhestand bietet die Möglichkeit, neue Menschen kennenzulernen und Kontakte zu knüpfen, die auch außerhalb des Jobs Bestand haben können. Insbesondere für Senioren, die sich isoliert fühlen oder ihre sozialen Kontakte verloren haben, kann ein Job im Ruhestand dazu beitragen, wieder Teil der Gesellschaft zu werden und soziale Kontakte aufzubauen.

3. Sinnvolle Beschäftigung:

Ein Job im Ruhestand kann dazu beitragen, dass Senioren ihre Talente und Fähigkeiten nutzen und sich weiterentwickeln können. Dabei geht es nicht nur um die finanzielle Seite, sondern auch um persönliche Erfüllung und Selbstverwirklichung.

4. Finanzielle Unabhängigkeit:

Ein Job im Ruhestand kann auch dazu beitragen, dass Senioren unabhängig bleiben und ihr Leben aktiv gestalten können. Insbesondere für Senioren, die nicht ausreichend für ihren Ruhestand vorgesorgt haben oder die aus persönlichen Gründen weiterhin finanziell unabhängig bleiben möchten, kann ein Job im Ruhestand eine wichtige Rolle spielen.

Insgesamt können Jobmöglichkeiten für Senioren im Ruhestand dazu beitragen, dass sie auch im Alter aktiv und engagiert bleiben und dabei ihre Fähigkeiten und Erfahrungen nutzen. Sie bieten zahlreiche Vorteile, die sowohl die körperliche und geistige Gesundheit als auch die soziale Interaktion und finanzielle Unabhängigkeit fördern.

Erhaltung der geistigen und körperlichen Gesundheit:

Im Ruhestand kann es für viele Senioren schwierig sein, ihre geistige und körperliche Gesundheit zu erhalten. Ein Job im Ruhestand kann dazu beitragen, geistig und körperlich fit zu bleiben.

Geistige Fitness:

Ein Job im Ruhestand kann dazu beitragen, das Gehirn aktiv zu halten und somit die geistige Fitness zu erhalten. Die Herausforderungen, die ein Job bietet, können dazu beitragen, die Denkleistung zu steigern und das Gedächtnis zu trainieren. Auch die Möglichkeit, neue Dinge zu lernen und sich weiterzuentwickeln, kann dazu beitragen, das Gehirn zu aktivieren und fit zu halten.

Körperliche Fitness:

Ein Job im Ruhestand kann auch dazu beitragen, körperlich fit zu bleiben. Viele Jobs bieten eine gewisse körperliche Aktivität, wie z.B. das Arbeiten im Garten oder das Gehen von längeren Strecken. Auch die soziale Interaktion, die ein Job mit sich bringt, kann dazu beitragen, dass Senioren sich mehr bewegen und aktiv bleiben.

Zudem kann ein Job im Ruhestand dazu beitragen, Stress abzubauen und somit das Wohlbefinden zu steigern. Viele Senioren empfinden den Ruhestand als stressig, da sie sich nicht mehr gebraucht fühlen oder sich isoliert fühlen. Ein Job kann dazu beitragen, dass Senioren wieder das Gefühl haben, gebraucht zu werden und einen Sinn im Leben zu haben.

Insgesamt kann ein Job im Ruhestand dazu beitragen, dass Senioren geistig und körperlich fit bleiben. Die Herausforderungen und die Aktivität, die ein Job bietet, können dazu beitragen, das Gehirn und den Körper zu trainieren und somit die Gesundheit im Alter zu erhalten.

Finanzielle Unabhängigkeit:

Ein Job im Ruhestand kann dazu beitragen, dass Senioren finanziell unabhängig bleiben oder werden. Insbesondere für Senioren, die nicht ausreichend für ihren Ruhestand vorgesorgt haben oder die aus persönlichen Gründen weiterhin finanziell unabhängig bleiben möchten, kann ein Job im Ruhestand eine wichtige Rolle spielen.

Ein zusätzliches Einkommen kann dazu beitragen, dass Senioren ihren Lebensstandard aufrechterhalten oder verbessern können. Auch finanzielle Unabhängigkeit kann dazu beitragen, dass Senioren ihr Leben im Ruhestand aktiv gestalten und Dinge unternehmen können, die ihnen wichtig sind.

Ein Job im Ruhestand kann auch dazu beitragen, dass Senioren in der Lage sind, ihre finanziellen Verpflichtungen, wie z.B. Kredite oder Versicherungen, zu erfüllen. Zudem kann ein zusätzliches Einkommen dazu beitragen, dass Senioren für unvorhergesehene Ereignisse vorsorgen können, wie z.B. Krankheit oder Notfälle.

Ein Job im Ruhestand kann aber auch dazu beitragen, dass Senioren in der Lage sind, ihre Hobbys und Interessen auszuleben und sich Dinge zu leisten, die ihnen wichtig sind. Eine finanzielle Unabhängigkeit kann somit auch dazu beitragen, dass Senioren ein erfülltes Leben im Ruhestand führen können.

Insgesamt kann ein Job im Ruhestand dazu beitragen, dass Senioren finanziell unabhängig bleiben oder werden und somit ein erfülltes Leben im Ruhestand führen können. Ein zusätzliches Einkommen kann dazu beitragen, den Lebensstandard aufrechtzuerhalten, finanzielle Verpflichtungen zu erfüllen und für unvorhergesehene Ereignisse vorzusorgen.

Soziale Interaktion und Netzwerkbildung:

Ein Job im Ruhestand kann dazu beitragen, dass Senioren ihre sozialen Kontakte aufrechterhalten oder sogar erweitern können. Insbesondere für Senioren, die sich isoliert fühlen oder ihre sozialen Kontakte verloren haben, kann ein Job im Ruhestand dazu beitragen, wieder Teil der Gesellschaft zu werden und neue Kontakte zu knüpfen.

Ein Job im Ruhestand bietet die Möglichkeit, neue Menschen

kennenzulernen und Kontakte zu knüpfen, die auch außerhalb des Jobs Bestand haben können. Durch die Arbeit können Senioren auch in Kontakt mit Menschen unterschiedlicher Generationen kommen und somit von deren Erfahrungen und Sichtweisen profitieren.

Zudem kann ein Job im Ruhestand dazu beitragen, dass Senioren sich in ihrer Gemeinschaft oder Branche engagieren und somit aktiv an der Gesellschaft teilnehmen. Dies kann dazu beitragen, dass Senioren ein Gefühl von Sinnhaftigkeit und Bedeutung erleben und sich als Teil der Gesellschaft fühlen.

Auch die soziale Interaktion und Netzwerkbildung können dazu beitragen, dass Senioren geistig und körperlich fit bleiben. Soziale Kontakte und Aktivitäten fördern das Wohlbefinden und tragen zur Erhaltung der geistigen und körperlichen Gesundheit bei.

Insgesamt kann ein Job im Ruhestand dazu beitragen, dass Senioren ihre sozialen Kontakte aufrechterhalten oder erweitern und somit ein erfülltes Leben im Ruhestand führen können. Der Job bietet die Möglichkeit, neue Menschen kennenzulernen, sich zu engagieren und somit Teil der Gesellschaft zu bleiben. Die soziale Interaktion und Netzwerkbildung können dazu beitragen, das Wohlbefinden zu steigern und die geistige und körperliche Gesundheit zu erhalten.

Selbstverwirklichung und Erfüllung:

Ein Job im Ruhestand kann dazu beitragen, dass Senioren ihre Talente und Fähigkeiten nutzen und sich weiterentwickeln können. Dabei geht es nicht nur um die finanzielle Seite, sondern auch um persönliche Erfüllung und Selbstverwirklichung.

Ein Job im Ruhestand kann dazu beitragen, dass Senioren ihre Interessen und Leidenschaften ausleben können. Sie haben die Möglichkeit, in einem Bereich tätig zu sein, der ihnen wirklich am Herzen liegt und somit ein erfülltes Leben im Ruhestand zu führen.

Zudem kann ein Job im Ruhestand dazu beitragen, dass Senioren ihre Fähigkeiten und Erfahrungen nutzen und sich weiterentwickeln können. Sie können ihre Kenntnisse und Erfahrungen anwenden und somit ihre geistige und körperliche Fitness aufrechterhalten.

Auch die Anerkennung und Wertschätzung, die ein Job im Ruhestand mit sich bringt, kann dazu beitragen, dass Senioren ein Gefühl von Selbstverwirklichung und Erfüllung erleben. Sie haben das Gefühl, gebraucht zu werden und einen Beitrag zu leisten, was zu einem positiven Selbstbild beitragen kann.

Insgesamt kann ein Job im Ruhestand dazu beitragen, dass Senioren ihre Talente und Fähigkeiten nutzen und sich weiterentwickeln können. Sie haben die Möglichkeit, ihre Interessen und Leidenschaften auszuleben und somit ein erfülltes Leben im Ruhestand zu führen. Auch die Anerkennung und Wertschätzung, die ein Job mit sich bringt, kann dazu beitragen, dass Senioren ein Gefühl von Selbstverwirklichung und Erfüllung erleben.

3.
JOBMÖGLICHKEITEN FÜR SENIOREN

Kreative Berufe: Schriftsteller, Maler, Bildhauer

Im Ruhestand haben Senioren oft die Möglichkeit, sich lang gehegte Träume zu erfüllen und ihre kreativen Talente auszuleben. Dazu zählen auch kreative Berufe wie Schriftsteller, Maler oder Bildhauer.

Schriftsteller:

Ein Schriftsteller zu sein, kann eine erfüllende Tätigkeit für Senioren im Ruhestand sein. Sie haben die Möglichkeit, ihre Erfahrungen und Geschichten auf Papier zu bringen und somit einen bleibenden Eindruck zu hinterlassen. Zudem können sie ihre geistigen Fähigkeiten trainieren und weiterentwickeln, indem sie ihre Kreativität und ihr schriftstellerisches Talent ausleben.

Maler:

Ein weiterer kreativer Beruf, den Senioren im Ruhestand ausüben können, ist der des Malers. Sie haben die Möglichkeit, ihre Kreativität und ihre künstlerischen Fähigkeiten auszuleben und somit einzigartige Kunstwerke zu schaffen. Zudem kann die Malerei dazu beitragen, dass Senioren sich entspannen und Stress abbauen können.

Bildhauer:

Auch der Beruf des Bildhauers bietet Senioren im Ruhestand die Möglichkeit, ihre kreativen Talente auszuleben. Sie können mit verschiedenen Materialien arbeiten und somit einzigartige Skulpturen und Kunstwerke schaffen. Auch die körperliche Aktivität, die mit dem Beruf verbunden ist, kann dazu beitragen, dass Senioren körperlich fit und gesund bleiben.

Insgesamt bieten kreative Berufe wie Schriftsteller, Maler oder Bildhauer Senioren im Ruhestand die Möglichkeit, ihre Talente und Fähigkeiten auszuleben und ein erfülltes Leben im Ruhestand zu führen. Sie können ihre geistigen und körperlichen Fähigkeiten trainieren, sich entspannen und stressfrei arbeiten.

Beratungsdienstleistungen: Berater, Coach, Personalvermittler

Ein weiterer Bereich, in dem Senioren im Ruhestand arbeiten können, ist die Beratungsbranche. Hier gibt es verschiedene Möglichkeiten wie Berater, Coach oder Personalvermittler.

Berater:

Als Berater können Senioren ihre Erfahrungen und ihr Wissen nutzen, um anderen Menschen bei der Lösung von Problemen oder der Verbesserung ihrer Geschäftsprozesse zu helfen. Senioren, die in ihrer beruflichen Karriere erfolgreich waren, können ihr Wissen und ihre Erfahrung nutzen, um anderen zu helfen und dabei noch ein zusätzliches Einkommen zu erzielen.

Coach:

Als Coach können Senioren ihre Fähigkeiten nutzen, um anderen Menschen bei der persönlichen Entwicklung zu helfen. Sie können ihre Kenntnisse und Erfahrungen nutzen, um andere zu motivieren und bei der Erreichung ihrer Ziele zu unterstützen. Senioren, die in ihrer Karriere als Führungskraft tätig waren oder im Bereich der Persönlichkeitsentwicklung Erfahrung haben, können als Coach tätig werden.

Personalvermittler:

Als Personalvermittler können Senioren ihre Kenntnisse und Erfahrungen nutzen, um Unternehmen bei der Suche nach geeigneten Mitarbeitern zu unterstützen. Sie können ihre Fähigkeiten nutzen, um Bewerber zu bewerten und zu beurteilen, ob diese für eine bestimmte Position geeignet sind. Senioren, die in der Personalabteilung gearbeitet haben oder Erfahrung in der Personalauswahl haben, können als Personalvermittler tätig werden.

Insgesamt bieten Beratungsdienstleistungen wie Berater, Coach oder Personalvermittler Senioren im Ruhestand die Möglichkeit, ihr Wissen und ihre Erfahrung weiterzugeben und dabei ein zusätzliches Einkommen zu erzielen. Sie können anderen helfen, sich persönlich oder beruflich weiterzuentwickeln und somit ein erfülltes Leben im Ruhestand führen.

Handel: Einzelhändler, Online-Verkäufer

Auch im Bereich des Handels gibt es Jobmöglichkeiten für Senioren im Ruhestand. Hier gibt es verschiedene Möglichkeiten wie Einzelhändler oder Online-Verkäufer.

Einzelhändler:

Als Einzelhändler können Senioren im Ruhestand ihr eigenes Geschäft eröffnen und somit ihr eigener Chef sein. Sie können ihre Kenntnisse und Erfahrungen nutzen, um ein Geschäft zu führen und Kunden zu bedienen. Zudem können sie ihr Wissen und ihre Erfahrung nutzen, um einzigartige Produkte auszuwählen und somit Kunden anzulocken.

Online-Verkäufer:

Als Online-Verkäufer können Senioren im Ruhestand Produkte online verkaufen und somit ein zusätzliches Einkommen erzielen. Sie können ihre Kenntnisse und Erfahrungen nutzen, um eine Onlineshop-Plattform aufzubauen und Produkte zu verkaufen. Dabei haben sie die Möglichkeit, von zu Hause aus zu arbeiten und somit flexibel zu sein.

Insgesamt bietet der Handel Senioren im Ruhestand die Möglichkeit, ihr eigenes Geschäft zu eröffnen oder als Online-Verkäufer tätig zu werden. Sie können ihr Wissen und ihre Erfahrung nutzen, um Kunden zu bedienen und einzigartige Produkte auszuwählen. Dabei haben sie die Möglichkeit, flexibel zu arbeiten und ihr eigenes Tempo zu bestimmen.

Bildung: Lehrer, Schulassistenten

Senioren im Ruhestand haben auch die Möglichkeit, im Bereich Bildung zu arbeiten. Hier gibt es verschiedene Möglichkeiten wie Lehrer oder Schulassistenten.

Lehrer:

Als Lehrer können Senioren im Ruhestand ihre Erfahrung und ihr Wissen nutzen, um jüngere Generationen zu unterrichten. Sie haben die Möglichkeit, ihr Wissen und ihre Erfahrung in verschiedenen Bereichen wie Sprachen, Geschichte oder Mathematik weiterzugeben. Senioren, die in ihrer beruflichen Karriere als Lehrer oder Dozent tätig waren, können ihre Erfahrungen nutzen, um eine neue Generation von Schülern zu inspirieren.

Schulassistenten:

Als Schulassistenten können Senioren im Ruhestand Schulen und Lehrern bei verschiedenen Aufgaben helfen. Sie können beispielsweise Schüler bei Hausaufgaben betreuen, Lehrer bei der Vorbereitung von Unterrichtsstunden unterstützen oder bei der Überwachung von Schulveranstaltungen helfen. Senioren, die in ihrem Berufsleben Erfahrung im Bereich der Verwaltung oder Organisation haben, können als Schulassistenten tätig werden.

Insgesamt bietet der Bereich Bildung Senioren im Ruhestand die Möglichkeit, ihr Wissen und ihre Erfahrung weiterzugeben und eine neue Generation von Schülern zu inspirieren. Sie können als Lehrer oder Schulassistenten tätig werden und somit ein erfülltes Leben im Ruhestand führen. Dabei haben sie die Möglichkeit, ihre Kenntnisse und Fähigkeiten weiterzuentwickeln und ihre geistige und körperliche Fitness aufrechtzuerhalten.

Gesundheitswesen: Hauspflege, Fitness- und Gesundheitscoach

Im Gesundheitswesen gibt es ebenfalls Jobmöglichkeiten für Senioren im Ruhestand. Hier gibt es verschiedene Möglichkeiten wie Hauspflege und Fitness- und Gesundheitscoaching.

Hauspflege:

Als Hauspfleger können Senioren im Ruhestand älteren Menschen helfen, die nicht mehr in der Lage sind, für sich selbst zu sorgen. Sie können beispielsweise bei der Körperpflege, beim Einkaufen oder bei der Hausarbeit helfen. Dabei haben sie die Möglichkeit, eine sinnvolle Tätigkeit auszuüben und älteren Menschen zu helfen.

Fitness- Und Gesundheitscoach:

Als Fitness- und Gesundheitscoach können Senioren im Ruhestand anderen Menschen dabei helfen, fit und gesund zu bleiben. Sie können ihr Wissen und ihre Erfahrung nutzen, um individuelle Trainings- und Ernährungspläne zu erstellen und somit Menschen bei der Verbesserung ihrer körperlichen Gesundheit zu unterstützen. Dabei haben sie die Möglichkeit, anderen Menschen zu helfen und gleichzeitig aktiv und gesund zu bleiben.

Insgesamt bietet das Gesundheitswesen Senioren im Ruhestand die Möglichkeit, anderen Menschen zu helfen und somit eine sinnvolle Tätigkeit auszuüben. Sie können als Hauspfleger oder Fitness- und Gesundheitscoaches tätig werden und somit einen positiven Einfluss auf das Leben anderer Menschen haben. Dabei haben sie die Möglichkeit, aktiv und gesund zu bleiben und ihre geistigen und körperlichen Fähigkeiten zu trainieren.

Technischer Support: Technischer Support-Mitarbeiter

Ein weiterer Bereich, in dem Senioren im Ruhestand arbeiten können, ist der technische Support. Hier gibt es verschiedene Möglichkeiten wie Technischer Support-Mitarbeiter.

Technischer Support-Mitarbeiter:

Als Technischer Support-Mitarbeiter können Senioren im Ruhestand anderen Menschen bei technischen Problemen helfen. Sie können beispielsweise bei der Installation von Software, bei der Lösung von Hardwareproblemen oder bei der Behebung von Netzwerkproblemen helfen. Dabei haben sie die Möglichkeit, ihre technischen Fähigkeiten und ihr Wissen zu nutzen, um anderen Menschen zu helfen.

Insgesamt bietet der technische Support Senioren im Ruhestand die Möglichkeit, anderen Menschen bei technischen Problemen zu helfen und somit eine sinnvolle Tätigkeit auszuüben. Sie können als Technischer Support-Mitarbeiter tätig werden und dabei ihre technischen Kenntnisse und Fähigkeiten weiterentwickeln. Dabei haben sie die Möglichkeit, aktiv und geistig fit zu bleiben und sich selbst herauszufordern.

Tourismus- und Reisebranche: Reiseleiter, Veranstaltungsmanagement

Auch in der Tourismus- und Reisebranche gibt es Jobmöglichkeiten für Senioren im Ruhestand. Hier gibt es verschiedene Möglichkeiten wie Reiseleiter und Veranstaltungsmanagement.

Reiseleiter:

Als Reiseleiter können Senioren im Ruhestand ihr Wissen und ihre Erfahrung nutzen, um Touristen bei der Erkundung von neuen Orten zu begleiten. Sie haben die Möglichkeit, ihr Wissen über verschiedene Länder, Kulturen und Sehenswürdigkeiten zu teilen und somit anderen Menschen eine einzigartige Reiseerfahrung zu bieten. Dabei haben sie die Möglichkeit, neue Orte zu entdecken und ihren eigenen Horizont zu erweitern.

Veranstaltungsmanagement:

Als Veranstaltungsmanager können Senioren im Ruhestand Events organisieren und planen. Sie können beispielsweise bei der Planung von Festivals, Konferenzen oder anderen Veranstaltungen helfen. Dabei haben sie die Möglichkeit, ihr Wissen und ihre Erfahrung im Bereich Veranstaltungsmanagement zu nutzen und somit anderen Menschen ein unvergessliches Erlebnis zu bieten.

Insgesamt bietet die Tourismus- und Reisebranche Senioren im Ruhestand die Möglichkeit, neue Orte zu entdecken und anderen Menschen eine einzigartige Reiseerfahrung zu bieten. Sie können als Reiseleiter oder Veranstaltungsmanager tätig werden und somit aktiv und engagiert bleiben. Dabei haben sie die Möglichkeit, ihre eigenen Interessen und Leidenschaften zu verfolgen und gleichzeitig anderen Menschen zu helfen.

Handwerkliche Berufe: Hausmeister, Transportdienstleistungen

Auch handwerkliche Berufe bieten Senioren im Ruhestand Möglichkeiten, aktiv und engagiert zu bleiben. Hier gibt es verschiedene Möglichkeiten wie Hausmeister und Transportdienstleistungen.

Hausmeister:

Als Hausmeister können Senioren im Ruhestand verschiedene handwerkliche Aufgaben übernehmen, wie zum Beispiel Reparaturen im Haus oder der Wohnung, Gartenarbeit oder die Betreuung von Gemeinschaftsanlagen. Dabei haben sie die Möglichkeit, ihre handwerklichen Fähigkeiten und ihr Wissen zu nutzen, um anderen Menschen zu helfen und somit eine sinnvolle Tätigkeit auszuüben.

Transportdienstleistungen:

Als Transportdienstleister können Senioren im Ruhestand Personen oder Waren transportieren. Sie können beispielsweise als Taxifahrer, Busfahrer oder Kurierfahrer tätig werden. Dabei haben sie die Möglichkeit, andere Menschen bei der Beförderung zu unterstützen und somit eine sinnvolle Tätigkeit auszuüben.

Insgesamt bietet der Bereich handwerkliche Berufe Senioren im Ruhestand die Möglichkeit, ihre handwerklichen Fähigkeiten und ihr Wissen zu nutzen, um anderen Menschen zu helfen und eine sinnvolle Tätigkeit auszuüben. Sie können als Hausmeister oder Transportdienstleister tätig werden und dabei ihre Fähigkeiten weiterentwickeln. Dabei haben sie die Möglichkeit, aktiv und engagiert zu bleiben und gleichzeitig anderen Menschen zu helfen.

Tierbetreuung: Tierbetreuer

Für Senioren im Ruhestand, die Tiere lieben und gerne mit ihnen arbeiten, gibt es Möglichkeiten, als Tierbetreuer tätig zu werden.

Tierbetreuer:

Als Tierbetreuer können Senioren im Ruhestand sich um Tiere kümmern, während ihre Besitzer abwesend sind. Sie können beispielsweise Hunde ausführen, Katzen füttern oder Tiere in ihrem eigenen Zuhause betreuen. Dabei haben sie die Möglichkeit, ihre Liebe zu Tieren zu nutzen und gleichzeitig anderen Menschen zu helfen.

Insgesamt bietet die Tierbetreuung Senioren im Ruhestand die Möglichkeit, mit Tieren zu arbeiten und anderen Menschen bei der Betreuung ihrer Haustiere zu helfen. Sie können als Tierbetreuer tätig werden und somit eine sinnvolle Tätigkeit ausüben. Dabei haben sie die Möglichkeit, aktiv und engagiert zu bleiben und ihre Liebe zu Tieren auszuleben.

Künstlerischer Bereich: Fotograf, Schauspieler

Für Senioren im Ruhestand, die kreativ sind und gerne im künstlerischen Bereich arbeiten, gibt es Möglichkeiten, als Fotograf oder Schauspieler tätig zu werden.

Fotograf:

Als Fotograf können Senioren im Ruhestand ihre Leidenschaft für die Fotografie nutzen, um andere Menschen zu unterstützen. Sie können beispielsweise bei Hochzeiten, Familienfeiern oder anderen Veranstaltungen als Fotograf tätig werden. Dabei haben sie die Möglichkeit, ihre kreativen Fähigkeiten zu nutzen und einzigartige Erinnerungen für andere Menschen zu schaffen.

Schauspieler:

Als Schauspieler können Senioren im Ruhestand ihre Schauspielkunst nutzen, um andere Menschen zu unterhalten. Sie können beispielsweise in Theateraufführungen oder in Filmen auftreten. Dabei haben sie die Möglichkeit, ihre kreativen Fähigkeiten und ihr schauspielerisches Talent zu nutzen, um andere Menschen zu begeistern.

Insgesamt bietet der künstlerische Bereich Senioren im Ruhestand die Möglichkeit, ihre kreativen Fähigkeiten und ihr Talent auszuleben und andere Menschen zu unterstützen. Sie können als Fotograf oder Schauspieler tätig werden und somit eine sinnvolle Tätigkeit ausüben. Dabei haben sie die Möglichkeit, aktiv und engagiert zu bleiben und gleichzeitig anderen Menschen Freude zu bereiten.

Andere Möglichkeiten: Vermittlung von Haushaltshilfen, Catering, Übersetzungsdienstleistungen, Antiquitätenhandel

Für Senioren im Ruhestand gibt es auch noch weitere Möglichkeiten, aktiv und engagiert zu bleiben und dabei eine sinnvolle Tätigkeit auszuüben. Hier sind einige weitere Möglichkeiten aufgelistet:

Vermittlung Von Haushaltshilfen:

Als Vermittler von Haushaltshilfen können Senioren im Ruhestand anderen Menschen helfen, indem sie Haushaltshilfen vermitteln. Sie haben dabei die Möglichkeit, ihr Wissen und ihre Erfahrung zu nutzen, um eine geeignete Haushaltshilfe für die Bedürfnisse ihrer Kunden zu finden.

Catering:

Als Catering-Service können Senioren im Ruhestand Essen für Veranstaltungen oder Feiern liefern. Sie haben dabei die Möglichkeit, ihre Kochfertigkeiten und ihr Wissen zu nutzen, um leckere und ansprechende Gerichte zu kreieren.

Übersetzungsdienstleistungen:

Als Übersetzer können Senioren im Ruhestand Sprachbarrieren überwinden und anderen Menschen bei der Verständigung helfen. Sie können beispielsweise Texte oder Gespräche in eine andere Sprache übersetzen und somit die Kommunikation zwischen verschiedenen Kulturen erleichtern.

Antiquitätenhandel:

Als Antiquitätenhändler können Senioren im Ruhestand ihr Wissen und ihre Erfahrung nutzen, um antike Gegenstände zu sammeln, zu restaurieren und zu verkaufen. Dabei haben sie die Möglichkeit, ihre Leidenschaft für Geschichte und Kunst auszuleben und gleichzeitig anderen Menschen die Möglichkeit zu geben, antike Gegenstände zu erwerben.

Insgesamt bieten diese Möglichkeiten Senioren im Ruhestand die Chance, ihre Fähigkeiten und ihr Wissen zu nutzen, um anderen Menschen zu helfen und eine sinnvolle Tätigkeit auszuüben. Dabei haben sie die Möglichkeit, aktiv und engagiert zu bleiben und gleichzeitig anderen Menschen zu helfen.

4. WIE MAN EINEN JOB IM RUHESTAND FINDET

Wenn Sie als Senior im Ruhestand einen Job finden möchten, gibt es verschiedene Möglichkeiten, wie Sie vorgehen können:

1. Überprüfen Sie Ihre Fähigkeiten Und Interessen

Überlegen Sie, welche Fähigkeiten und Interessen Sie haben und wie Sie diese in einem Job nutzen können. Vielleicht gibt es ein Hobby, das Sie gerne ausüben und das sich in einen Job umwandeln lässt.

2. Nutzen Sie Ihre Netzwerke

Sprechen Sie mit Familie, Freunden und ehemaligen Kollegen über Ihre Suche nach einem Job. Vielleicht kennen sie jemanden, der eine Arbeitskraft wie Sie sucht.

3. Suchen Sie Online Nach Jobs

Es gibt viele Jobportale im Internet, auf denen Sie nach Jobs suchen können. Schauen Sie sich auch auf den Websites von Unternehmen um, die Sie interessieren.

4. Nutzen Sie Lokale Ressourcen

Besuchen Sie lokale Jobmessen und sprechen Sie mit den Arbeitgebern vor Ort. Schauen Sie sich auch in Ihrer Gemeinde um, ob es dort Jobangebote gibt.

5. Erwägen Sie Flexible Arbeitsmodelle

Vielleicht möchten Sie nur gelegentlich arbeiten oder nur bestimmte Stunden am Tag. In diesem Fall können Sie nach Jobs suchen, die flexible Arbeitsmodelle anbieten.

Insgesamt gibt es viele Möglichkeiten, einen Job im Ruhestand zu finden. Indem Sie Ihre Fähigkeiten und Interessen überprüfen, Ihre Netzwerke nutzen, online nach Jobs suchen, lokale Ressourcen nutzen und flexible Arbeitsmodelle erwägen, können Sie eine geeignete Stelle finden und gleichzeitig aktiv und engagiert bleiben.

Die eigenen Interessen und
Fähigkeiten berücksichtigen

Wenn Sie als Senior im Ruhestand einen Job suchen, ist es wichtig, Ihre eigenen Interessen und Fähigkeiten zu berücksichtigen. Indem Sie eine Tätigkeit ausüben, die Ihnen Spaß macht und bei der Sie Ihre Fähigkeiten einsetzen können, können Sie nicht nur aktiv und engagiert bleiben, sondern auch Ihre geistige und körperliche Gesundheit erhalten.

Hier Sind Einige Tipps, Wie Sie Ihre Interessen Und Fähigkeiten Bei Der Jobsuche Berücksichtigen

Können:

1.   Überprüfen Sie Ihre Hobbys Und Interessen

Überlegen Sie, welche Hobbys und Interessen Sie haben und ob diese in einem Job umgesetzt werden können. Vielleicht gibt es eine Tätigkeit, die sich aus Ihrem Hobby oder Interesse ergibt.

2.   Nutzen Sie Ihre Erfahrungen

Überlegen Sie, welche Erfahrungen Sie in Ihrem Berufsleben gesammelt haben und wie Sie diese in einem Job einsetzen können. Vielleicht haben Sie Fähigkeiten, die in einem bestimmten Bereich sehr gefragt sind.

3.   Berücksichtigen Sie Ihre Präferenzen

Überlegen Sie, welche Arbeitsbedingungen und Arbeitsmodelle für Sie am besten geeignet sind. Möchten Sie beispielsweise flexibel arbeiten oder eine bestimmte Anzahl von Stunden pro Woche?

4.   Suchen Sie Nach Jobs, Die Zu Ihren Interessen Und Fähigkeiten Passen

Wenn Sie eine Liste Ihrer Interessen und Fähigkeiten haben, können Sie nach Jobs suchen, die zu diesen passen. Schauen Sie sich die Anforderungen der Stellenanzeigen genau an und überlegen Sie, ob Sie die Fähigkeiten und Interessen haben, die für die Tätigkeit benötigt werden.

Insgesamt ist es wichtig, bei der Jobsuche Ihre eigenen Interessen und Fähigkeiten zu berücksichtigen. Indem Sie eine Tätigkeit ausüben, die zu Ihnen passt, können Sie nicht nur aktiv und engagiert bleiben, sondern auch Ihre geistige und körperliche Gesundheit erhalten.

Die Möglichkeiten des Internets nutzen

Das Internet bietet Senioren im Ruhestand viele Möglichkeiten, um einen Job zu finden oder eine Tätigkeit auszuüben. Hier sind einige Beispiele, wie Sie das Internet nutzen können:

1. Jobportale

Es gibt viele Jobportale im Internet, auf denen Sie nach Jobs suchen können. Sie können Ihre Suche nach Kriterien wie Branche, Standort und Arbeitszeit filtern.

2. Freelancing-Plattformen

Auf Freelancing-Plattformen wie Upwork oder Freelancer können Sie als Freelancer Aufträge finden und annehmen. Sie können Ihre Fähigkeiten und Kenntnisse präsentieren und nach Aufträgen suchen, die Ihren Interessen und Fähigkeiten entsprechen.

3. Online-Handel

Sie können auch einen Online-Shop eröffnen, um Waren zu verkaufen. Es gibt viele E-Commerce-Plattformen wie Amazon oder eBay, auf denen Sie Produkte verkaufen können.

4.   E-Learning

Das Internet bietet auch viele Möglichkeiten, um neue Fähigkeiten zu erlernen. Sie können E-Learning-Plattformen wie Udemy oder Coursera nutzen, um neue Fähigkeiten zu erlernen und Ihre Kenntnisse zu erweitern.

5.   Social Media

Social Media bietet auch Möglichkeiten, um als Senior im Ruhestand aktiv und engagiert zu bleiben. Sie können beispielsweise eine Social-Media-Präsenz aufbauen und sich als Experte in einem bestimmten Bereich positionieren.

Insgesamt bietet das Internet Senioren im Ruhestand viele Möglichkeiten, um aktiv und engagiert zu bleiben und gleichzeitig eine sinnvolle Tätigkeit auszuüben. Indem Sie die Möglichkeiten des Internets nutzen, können Sie neue Fähigkeiten erlernen, Aufträge finden, einen Online-Shop eröffnen oder als Experte in einem bestimmten Bereich positionieren.

Kontakte knüpfen und Netzwerke bilden

Das Knüpfen von Kontakten und das Bilden von Netzwerken ist für Senioren im Ruhestand, die einen Job suchen, sehr wichtig. Hier sind einige Tipps, wie Sie Kontakte knüpfen und Netzwerke bilden können:

1.   Veranstaltungen Besuchen

Besuchen Sie Veranstaltungen wie Jobmessen, Networking-Events oder Konferenzen, um neue Kontakte zu knüpfen. Sprechen Sie mit anderen Teilnehmern und präsentieren Sie sich als Experten in Ihrem Bereich.

2. Social Media Nutzen

Social Media bietet auch Möglichkeiten, um Kontakte zu knüpfen und Netzwerke zu bilden. Sie können LinkedIn nutzen, um mit anderen Fachleuten in Kontakt zu treten oder eine Facebook-Gruppe gründen, um sich mit Gleichgesinnten zu vernetzen.

3. Alumni-Netzwerke

Wenn Sie eine Hochschulausbildung haben, können Sie ein Alumni-Netzwerk nutzen, um mit ehemaligen Kommilitonen und Fachleuten in Kontakt zu treten.

4. Ehrenamtliche Arbeit

Ehrenamtliche Arbeit bietet auch Möglichkeiten, um Kontakte zu knüpfen und sich zu vernetzen. Sie können in einer gemeinnützigen Organisation arbeiten oder sich für eine Sache engagieren, die Ihnen am Herzen liegt.

5. Senioren-Clubs

Senioren-Clubs sind eine weitere Möglichkeit, um Kontakte zu knüpfen und sich zu vernetzen. Sie können an Aktivitäten teilnehmen, die von Senioren-Clubs organisiert werden, und mit anderen Senioren in Kontakt treten.

Insgesamt ist es wichtig, Kontakte zu knüpfen und Netzwerke zu bilden, um als Senior im Ruhestand einen Job zu finden. Indem Sie Veranstaltungen besuchen, Social Media nutzen, Alumni-Netzwerke nutzen, ehrenamtlich arbeiten oder Senioren-Clubs beitreten, können Sie neue Kontakte knüpfen und Ihr Netzwerk erweitern.

Sich weiterbilden und qualifizieren

Als Senior im Ruhestand ist es wichtig, sich weiterzubilden und zu qualifizieren, um für den Arbeitsmarkt attraktiver zu werden und den Anforderungen eines Jobs gerecht zu werden. Hier sind einige Tipps, wie Sie sich weiterbilden und qualifizieren können:

1.   Weiterbildungsangebote Nutzen

Nutzen Sie die Angebote von Bildungseinrichtungen wie Volkshochschulen oder Weiterbildungs Instituten, um neue Fähigkeiten zu erlernen oder Ihre Kenntnisse in einem bestimmten Bereich zu vertiefen.

2.   Online-Kurse Besuchen

Das Internet bietet auch viele Möglichkeiten, um online Kurse zu besuchen. Plattformen wie Coursera oder Udemy bieten eine Vielzahl von Kursen in verschiedenen Themenbereichen an.

3.   Zertifizierungen Erwerben

Erwerben Sie Zertifizierungen in einem bestimmten Bereich, um Ihre Kompetenz zu zeigen und für Arbeitgeber attraktiver zu werden. Es gibt viele Zertifizierungen in verschiedenen Bereichen wie IT, Projektmanagement oder Marketing.

4.   Praktische Erfahrungen Sammeln

Sammeln Sie praktische Erfahrungen, indem Sie beispielsweise ehrenamtliche Arbeit leisten oder an Projekten teilnehmen. Sie können auch ein Praktikum machen, um praktische Erfahrungen in einem bestimmten Bereich zu sammeln.

5.   Mentoring-Programme

Nutzen Sie Mentoring-Programme, um von erfahrenen Fachleuten zu lernen und wertvolle Ratschläge und Tipps zu erhalten.

Insgesamt ist es wichtig, sich als Senior im Ruhestand weiterzubilden und zu qualifizieren, um für den Arbeitsmarkt attraktiver zu werden und den Anforderungen eines Jobs gerecht zu werden. Indem Sie Weiterbildungsangebote nutzen, Online-Kurse besuchen, Zertifizierungen erwerben, praktische Erfahrungen sammeln oder Mentoring-Programme nutzen, können Sie Ihre Fähigkeiten verbessern und Ihre Chancen auf dem Arbeitsmarkt erhöhen.

5. DIE HERAUSFORDERUNGEN VON JOBMÖGLICHKEITEN IM RUHESTAND

Obwohl es viele Jobmöglichkeiten für Senioren im Ruhestand gibt, gibt es auch Herausforderungen, die bei der Suche nach einer Tätigkeit zu berücksichtigen sind. Hier sind einige der Herausforderungen:

1. Altersdiskriminierung

Senioren im Ruhestand können bei der Jobsuche mit Altersdiskriminierung konfrontiert werden. Arbeitgeber bevorzugen möglicherweise jüngere Bewerber und stellen Senioren nicht ein, weil sie glauben, dass sie nicht mehr produktiv oder flexibel genug sind.

2. Technologische Herausforderungen

Manche Jobs erfordern Kenntnisse in der Technologie, die Senioren möglicherweise nicht haben. Es ist wichtig, sich über die neuesten Technologien und Trends auf dem Laufenden zu halten, um in bestimmten Branchen wettbewerbsfähig zu bleiben.

3. Gesundheitliche Einschränkungen

Senioren im Ruhestand können auch gesundheitliche Einschränkungen haben, die sie bei der Arbeit beeinträchtigen können. Es ist wichtig, eine Tätigkeit zu finden, die den eigenen Gesundheitszustand berücksichtigt und möglicherweise flexible Arbeitszeiten bietet.

4. Unklarheit Über Fähigkeiten Und Interessen

Senioren im Ruhestand müssen möglicherweise ihre Fähigkeiten und Interessen neu bewerten, um einen Job zu finden, der zu ihnen passt. Es ist wichtig, eine Tätigkeit zu finden, die den eigenen Interessen und Fähigkeiten entspricht, um motiviert und engagiert zu bleiben.

5. Finanzielle Einschränkungen

Senioren im Ruhestand können möglicherweise finanzielle Einschränkungen haben, die es schwierig machen, einen Job zu finden, der angemessen bezahlt wird. Es ist wichtig, sich über die Gehaltsaussichten in bestimmten Branchen und Berufen zu informieren, um eine realistische Vorstellung davon zu haben, was man verdienen kann.

Insgesamt gibt es Herausforderungen bei der Suche nach Jobmöglichkeiten im Ruhestand. Senioren im Ruhestand müssen möglicherweise mit Altersdiskriminierung, technologischen Herausforderungen, gesundheitlichen Einschränkungen, Unklarheiten über Fähigkeiten und Interessen sowie finanziellen Einschränkungen konfrontiert werden. Es ist wichtig, diese Herausforderungen zu berücksichtigen und eine Tätigkeit zu finden, die den eigenen Interessen und Fähigkeiten entspricht und den Anforderungen gerecht wird.

Anpassung an neue Arbeitsbedingungen

Wenn Senioren im Ruhestand wieder arbeiten wollen, müssen sie sich möglicherweise an neue Arbeitsbedingungen anpassen. Hier sind einige Tipps, wie Sie sich anpassen und in einer neuen Arbeitsumgebung erfolgreich sein können:

1.   Offenheit Gegenüber Veränderungen

Seien Sie offen gegenüber Veränderungen und bereit, neue Fähigkeiten und Kenntnisse zu erlernen. Sie können auch ein Mentor oder eine Mentorin suchen, um Ihnen dabei zu helfen, sich an die neuen Arbeitsbedingungen anzupassen.

2.   Flexibilität

Seien Sie flexibel und bereit, sich an neue Arbeitsabläufe und -strukturen anzupassen. Zeigen Sie auch Flexibilität bei der Arbeitszeitgestaltung, um beispielsweise Familie oder Freizeitaktivitäten unterzubringen.

3.   Lernbereitschaft

Seien Sie bereit, neue Technologien und Software Programme zu erlernen, um den Anforderungen der Tätigkeit gerecht zu werden. Sie können auch Schulungen oder Workshops besuchen, um Ihre Kenntnisse zu erweitern.

4. Kommunikation

Kommunizieren Sie mit Ihrem Arbeitgeber und Kollegen, um Erwartungen und Anforderungen zu klären. Teilen Sie auch Ihre Bedürfnisse und Wünsche mit, um eine bessere Arbeitsumgebung zu schaffen.

5. Zeitmanagement

Seien Sie effizient im Zeitmanagement, um Ihre Arbeit effektiv zu erledigen und Zeit für andere Aktivitäten zu haben. Sie können auch Prioritäten setzen, um sicherzustellen, dass Sie Ihre Aufgaben in angemessener Zeit erledigen.

Insgesamt ist es wichtig, sich als Senior im Ruhestand an neue Arbeitsbedingungen anzupassen, um erfolgreich zu sein. Seien Sie offen gegenüber Veränderungen, flexibel, lernbereit, kommunizieren Sie gut und beherrschen Sie effektives Zeitmanagement, um Ihre Arbeit effektiv zu erledigen. Durch die Anpassung an neue Arbeitsbedingungen können Senioren im Ruhestand erfolgreich und produktiv bleiben und ihre Fähigkeiten weiter ausbauen.

Vereinbarkeit von Job und Ruhestand

Für Senioren im Ruhestand, die wieder arbeiten möchten, ist es wichtig, die Vereinbarkeit von Job und Ruhestand zu berücksichtigen. Hier sind einige Tipps, wie Sie eine Tätigkeit finden können, die mit Ihrem Ruhestand vereinbar ist:

1. Flexible Arbeitszeiten

Suchen Sie nach Jobs mit flexiblen Arbeitszeiten, die es Ihnen ermöglichen, Ihre Arbeit mit Ihren Freizeitaktivitäten oder familiären Verpflichtungen in Einklang zu bringen. Es gibt viele Jobs, die flexibles Arbeiten ermöglichen, wie beispielsweise Teilzeit- oder Homeoffice-Arbeit.

2. Saisonale Oder Befristete Jobs

Suchen Sie nach Jobs, die saisonal oder befristet sind. Diese Art von Jobs ermöglicht es Ihnen, während bestimmter Zeiträume zu arbeiten und gleichzeitig Ihre Freizeit während des restlichen Jahres zu genießen.

3. Jobsharing

Erwägen Sie Jobsharing, wenn Sie einen Vollzeitjob nicht alleine bewältigen möchten oder können. Jobsharing bedeutet, dass Sie die Arbeitsbelastung mit einem anderen Mitarbeiter oder einer anderen Mitarbeiterin teilen, sodass Sie beide Teilzeit arbeiten können.

4. Passende Tätigkeit

Suchen Sie nach einer Tätigkeit, die Ihren Fähigkeiten und Interessen entspricht, um sicherzustellen, dass Sie motiviert und engagiert bleiben. Eine Tätigkeit, die zu Ihren Interessen passt, kann Ihnen das Gefühl geben, dass Sie nicht arbeiten, sondern eine Leidenschaft ausüben.

5.   Rückzugsmöglichkeiten

Bedenken Sie, dass Sie auch im Ruhestand möglicherweise Zeit für sich selbst benötigen. Stellen Sie sicher, dass Ihre Tätigkeit ausreichend Rückzugsmöglichkeiten bietet, um Ihre Energie und Motivation aufrechtzuerhalten.

Insgesamt ist es wichtig, eine Tätigkeit zu finden, die mit Ihrem Ruhestand vereinbar ist, um ein Gleichgewicht zwischen Arbeit und Freizeit zu schaffen. Suchen Sie nach Jobs mit flexiblen Arbeitszeiten, saisonalen oder befristeten Jobs oder betrachten Sie Jobsharing als Option. Achten Sie auch darauf, eine Tätigkeit zu finden, die Ihren Fähigkeiten und Interessen entspricht, und stellen Sie sicher, dass es ausreichend Rückzugsmöglichkeiten gibt. Eine ausgewogene Arbeitsbelastung kann dazu beitragen, dass Senioren im Ruhestand glücklicher, gesünder und produktiver sind.

Mögliche Vorurteile oder Altersdiskriminierung

Leider können Senioren, die wieder arbeiten möchten, auf Vorurteile oder Altersdiskriminierung stoßen. Hier sind einige Schritte, die Senioren unternehmen können, um mit möglicher Diskriminierung umzugehen:

1.   Kenntnisse Über Diskriminierung

Erfahren Sie mehr über Diskriminierung und welche Arten von Diskriminierung im Arbeitsplatz auftreten können. Eine Sensibilisierung für mögliche Vorurteile oder Altersdiskriminierung kann Ihnen helfen, diese zu erkennen und ihnen entgegenzuwirken.

2.   Kenntnisse Über Ihre Rechte

Erfahren Sie mehr über Ihre Rechte als Arbeitnehmer im Ruhestand. Stellen Sie sicher, dass Sie sich Ihrer Rechte im Arbeitsplatz bewusst sind, damit Sie in der Lage sind, Ihre Interessen zu vertreten.

3.   Netzwerken

Bauen Sie Ihr Netzwerk auf und knüpfen Sie Kontakte zu Personen, die in der gleichen Branche arbeiten. Dies kann Ihnen helfen, potenzielle Arbeitgeber zu finden und möglicherweise Vorurteile oder Altersdiskriminierung zu überwinden.

4.   Bewerbungsprozess

Stellen Sie sicher, dass Sie sich für Jobs bewerben, für die Sie qualifiziert sind und die Ihren Fähigkeiten und Interessen entsprechen. Bereiten Sie sich auch gut auf das Vorstellungsgespräch vor, um mögliche Vorurteile oder Altersdiskriminierung zu überwinden.

5.   Anlaufstelle Für Diskriminierung

Es kann hilfreich sein, eine Anlaufstelle für Diskriminierung zu haben, um mögliche Diskriminierung zu melden oder Unterstützung zu erhalten. Es gibt viele Organisationen, die sich für den Schutz von Arbeitnehmerrechten und den Kampf gegen Diskriminierung einsetzen.

Insgesamt ist es wichtig, sich bewusst zu sein, dass Vorurteile und

Altersdiskriminierung im Arbeitsplatz auftreten können. Eine Sensibilisierung für mögliche Diskriminierung und Kenntnisse über Ihre Rechte als Arbeitnehmer können Ihnen helfen, mögliche Diskriminierung zu erkennen und ihnen entgegenzuwirken. Bauen Sie auch Ihr Netzwerk auf und knüpfen Sie Kontakte zu Personen in der gleichen Branche, um möglicherweise Vorurteile oder Altersdiskriminierung zu überwinden. Wenn Sie Diskriminierung erfahren, wenden Sie sich an eine Anlaufstelle für Diskriminierung, um Unterstützung zu erhalten.

6. FAZIT

Das Finden von Jobmöglichkeiten im Ruhestand kann eine großartige Möglichkeit sein, um aktiv und engagiert zu bleiben, während man gleichzeitig finanzielle Unabhängigkeit und soziale Interaktion genießt. Es gibt viele verschiedene Möglichkeiten, darunter kreative Berufe, Beratungsdienstleistungen, Handel, Bildung, Gesundheitswesen, technischer Support, Tourismus- und Reisebranche, handwerkliche Berufe, Tierbetreuung und künstlerische Berufe.

Es ist wichtig, bei der Suche nach einer Tätigkeit im Ruhestand die eigenen Interessen und Fähigkeiten zu berücksichtigen, die Möglichkeiten des Internets zu nutzen, Kontakte zu knüpfen und Netzwerke zu bilden sowie sich weiterzubilden und zu qualifizieren.

Es können jedoch auch mögliche Vorurteile oder Altersdiskriminierung im Arbeitsplatz auftreten. Daher ist es wichtig, sich bewusst zu sein und Kenntnisse über Diskriminierung und Ihre Rechte als Arbeitnehmer im Ruhestand zu haben. Bauen Sie Ihr Netzwerk auf und wenden Sie sich bei Diskriminierung an eine Anlaufstelle.

Insgesamt kann das Finden von Jobmöglichkeiten im Ruhestand eine lohnende Erfahrung sein, die Ihnen die Möglichkeit bietet, Ihre Talente und Fähigkeiten weiterzuentwickeln, soziale Interaktion und Netzwerke zu knüpfen und ein erfülltes Leben im Alter zu führen.

Zusammenfassung der Vorteile von Jobmöglichkeiten im Ruhestand

Das Finden von Jobmöglichkeiten im Ruhestand bietet viele Vorteile, darunter:

1. Erhaltung der geistigen und körperlichen Gesundheit: Das Arbeiten im Ruhestand kann dazu beitragen, dass Sie aktiv und engagiert bleiben und Ihre geistige und körperliche Gesundheit erhalten.
2. Finanzielle Unabhängigkeit: Durch das Arbeiten im Ruhestand können Sie zusätzliches Einkommen generieren und finanziell unabhängig bleiben.
3. Soziale Interaktion und Netzwerkbildung: Das Arbeiten im Ruhestand kann Ihnen die Möglichkeit bieten, soziale Kontakte zu knüpfen und neue Netzwerke zu bilden.
4. Selbstverwirklichung und Erfüllung: Das Finden von Jobs im Ruhestand kann Ihnen helfen, Ihre Talente und Fähigkeiten weiterzuentwickeln und ein erfülltes Leben im Alter zu führen.

Es gibt viele verschiedene Jobmöglichkeiten im Ruhestand, die auf Ihre Interessen und Fähigkeiten abgestimmt werden können. Bei der Suche nach einer Tätigkeit im Ruhestand sollten Sie jedoch auch mögliche Vorurteile oder Altersdiskriminierung im Arbeitsplatz berücksichtigen.

Insgesamt bietet das Finden von Jobmöglichkeiten im Ruhestand viele Vorteile, die dazu beitragen können, dass Sie aktiv und engagiert bleiben, finanziell unabhängig bleiben, soziale Kontakte knüpfen, Ihre Talente und Fähigkeiten weiterentwickeln und ein erfülltes Leben im Alter führen.

Ausblick auf zukünftige Entwicklungen

Die Bedeutung von Jobmöglichkeiten für Senioren im Ruhestand wird in Zukunft wahrscheinlich weiter zunehmen. Die ältere Bevölkerung wird in vielen Ländern weltweit größer und der Bedarf an Arbeitskräften wird in bestimmten Branchen steigen.

Aufgrund des technologischen Fortschritts wird es auch mehr Möglichkeiten geben, online und von zu Hause aus zu arbeiten. Die Digitalisierung bietet älteren Arbeitnehmern die Möglichkeit, ihre Fähigkeiten und Erfahrungen zu nutzen, ohne dass sie vor Ort arbeiten müssen. Remote-Arbeit und flexible Arbeitszeiten werden in Zukunft wahrscheinlich zunehmen, was es älteren Arbeitnehmern erleichtern wird, ihre Arbeit mit ihrem Ruhestand und ihren anderen Interessen in Einklang zu bringen.

Es wird auch wichtig sein, die Diskriminierung älterer Arbeitnehmer am Arbeitsplatz anzusprechen und zu bekämpfen. Es muss darauf hingewiesen werden, dass ältere Arbeitnehmer oft über wertvolle Erfahrungen und Fähigkeiten verfügen und daher eine wichtige Rolle im Arbeitsplatz spielen können.

Zusätzlich werden sich auch neue Berufe und Tätigkeiten im Ruhestand entwickeln, die auf die Bedürfnisse und Interessen älterer Arbeitnehmer zugeschnitten sind. Es wird wichtig sein, diese neuen Möglichkeiten zu erkunden und zu nutzen.

Insgesamt bieten sich älteren Arbeitnehmern im Ruhestand viele Chancen und Möglichkeiten. Durch die Nutzung dieser Möglichkeiten können ältere Arbeitnehmer ihr Leben im Alter verbessern und aktiv gestalten.

Empfehlungen und Tipps für Senioren im Ruhestand

Wenn Sie im Ruhestand sind und nach Jobmöglichkeiten suchen, gibt es einige Empfehlungen und Tipps, die Ihnen helfen können:

1. Nutzen Sie Ihre Erfahrungen und Fähigkeiten: Im Laufe Ihres Lebens haben Sie wertvolle Erfahrungen und Fähigkeiten erworben, die in verschiedenen Arbeitsbereichen wertvoll sein können. Nutzen Sie diese Erfahrungen und Fähigkeiten, um den perfekten Job für Ihre Bedürfnisse zu finden.

2. Erkunden Sie verschiedene Arbeitsbereiche: Es gibt viele verschiedene Jobmöglichkeiten für Senioren im Ruhestand. Erkunden Sie verschiedene Arbeitsbereiche und finden Sie heraus, welche Tätigkeiten am besten zu Ihren Interessen und Fähigkeiten passen.

3. Nutzen Sie das Internet: Das Internet bietet viele Möglichkeiten, um Jobmöglichkeiten zu finden. Nutzen Sie Online-Jobbörsen und soziale Netzwerke, um Jobs im Ruhestand zu finden.

4. Netzwerken Sie: Kontakte knüpfen und Netzwerke bilden kann Ihnen helfen, den perfekten Job zu finden. Sprechen Sie mit Freunden, Familie und früheren Kollegen, um herauszufinden, ob sie Empfehlungen für Jobs haben.

5. Seien Sie flexibel: Seien Sie offen für verschiedene Arbeitsbedingungen, Arbeitszeiten und Vergütungen. Als älterer Arbeitnehmer müssen Sie möglicherweise Kompromisse eingehen, um den perfekten Job zu finden.

6. Bleiben Sie positiv: Das Finden eines Jobs im Ruhestand kann eine Herausforderung sein, aber bleiben Sie positiv und lassen Sie sich nicht entmutigen. Mit ein wenig Geduld und Ausdauer können Sie den perfekten Job finden.

7. Seien Sie sich Ihrer Rechte bewusst: Als älterer Arbeitnehmer haben Sie Rechte am Arbeitsplatz. Informieren Sie sich über diese Rechte und seien Sie bereit, Ihre Interessen zu verteidigen, wenn nötig.

Mit diesen Empfehlungen und Tipps können Sie den perfekten Job im Ruhestand finden und ein erfülltes Leben im Alter führen.